盘点年度资讯　预测时代前程

社会科学文献出版社

2013年
皮书系列

权威·前沿·原创

社会科学文献出版社
SOCIAL SCIENCES ACADEMIC PRESS (CHINA)

社长致辞

我们是图书出版者，更是人文社会科学内容资源供应商；

我们背靠中国社会科学院，面向中国与世界人文社会科学界，坚持为人文社会科学的繁荣与发展服务；

我们精心打造权威信息资源整合平台，坚持为中国经济与社会的繁荣与发展提供决策咨询服务；

我们以读者定位自身，立志让爱书人读到好书，让求知者获得知识；

我们精心编辑、设计每一本好书以形成品牌张力，以优秀的品牌形象服务读者，开拓市场；

我们始终坚持"创社科经典，出传世文献"的经营理念，坚持"权威、前沿、原创"的产品特色；

我们"以人为本"，提倡阳光下创业，员工与企业共享发展之成果；

我们立足于现实，认真对待我们的优势、劣势，我们更着眼于未来，以不断的学习与创新适应不断变化的世界，以不断的努力提升自己的实力；

我们愿与社会各界友好合作，共享人文社会科学发展之成果，共同推动中国学术出版乃至内容产业的繁荣与发展。

社会科学文献出版社社长
中国社会学会秘书长

2013 年 1 月

社会科学文献出版社　皮书系列

"皮书"起源于十七、十八世纪的英国，主要指官方或社会组织正式发表的重要文件或报告，多以"白皮书"命名。在中国，"皮书"这一概念被社会广泛接受，并被成功运作、发展成为一种全新的出版形态，则源于中国社会科学院社会科学文献出版社。

皮书是对中国与世界发展状况和热点问题进行年度监测，以专家和学术的视角，针对某一领域或区域现状与发展态势展开分析和预测，具备权威性、前沿性、原创性、实证性、时效性等特点的连续性公开出版物，由一系列权威研究报告组成。皮书系列是社会科学文献出版社编辑出版的蓝皮书、绿皮书、黄皮书等的统称。

皮书系列的作者以中国社会科学院、著名高校、地方社会科学院的研究人员为主，多为国内一流研究机构的权威专家学者，他们的看法和观点代表了学界对中国与世界的现实和未来最高水平的解读与分析。

自20世纪90年代末推出以经济蓝皮书为开端的皮书系列以来，至今已出版皮书近1000余部，内容涵盖经济、社会、政法、文化传媒、行业、地方发展、国际形势等领域。皮书系列已成为社会科学文献出版社的著名图书品牌和中国社会科学院的知名学术品牌。

皮书系列在数字出版和国际出版方面成就斐然。皮书数据库被评为"2008~2009年度数字出版知名品牌"；经济蓝皮书、社会蓝皮书等十几种皮书每年还由国外知名学术出版机构出版英文版、俄文版、韩文版和日文版，面向全球发行。

2011年，皮书系列正式列入"十二五"国家重点出版规划项目，一年一度的皮书年会升格由中国社会科学院主办；2012年，部分重点皮书列入中国社会科学院承担的国家哲学社会科学创新工程项目。

权威　前沿　原创

经济类 | 皮书系列 重点推荐

经 济 类

经济类皮书涵盖宏观经济、城市经济、大区域经济，提供权威、前沿的分析与预测

经济蓝皮书
2013年中国经济形势分析与预测（赠阅读卡）

陈佳贵　李　扬 / 主编　　2012年12月出版　　定价:59.00元

◆ 本书课题为"总理基金项目"，由著名经济学家陈佳贵、李扬领衔，联合数十家科研机构、国家部委和高等院校的专家共同撰写，其内容涉及宏观决策、财政金融、证券投资、工业调整、就业分配、对外贸易等一系列热点问题。本报告权威把脉中国经济2012年运行特征及2013年发展趋势。

世界经济黄皮书
2013年世界经济形势分析与预测（赠阅读卡）

王洛林　张宇燕 / 主编　　2013年1月出版　　定价:59.00元

◆ 2012年全球经济复苏步伐明显放缓，发达国家复苏动力不足，主权债务危机的升级以及长期的低利率也大大压缩了财政与货币政策调控的空间。本书围绕因此而来的国际金融市场震荡频发、国际贸易与投资增长乏力等经济问题对世界经济进行了分析展望。

国家竞争力蓝皮书
中国国家竞争力报告No.2（赠阅读卡）

倪鹏飞 / 主编　　2013年7月出版　　估价:69.00元

◆ 本书运用有关竞争力的最新经济学理论，选取全球100个主要国家，在理论研究和计量分析的基础上，对全球国家竞争力进行了比较分析，并以这100个国家为参照系，指明了中国的位置和竞争环境，为研究中国的国家竞争力地位、制定全球竞争战略提供参考。

皮书系列
重点推荐　经济类

金融蓝皮书
中国金融发展报告(2013)（赠阅读卡）

李扬　王国刚/主编　　2012年12月出版　　定价：59.00元

◆ 本书由中国社会科学院金融研究所主编，对2012年中国金融业总体发展状况进行回顾和分析，聚焦国际及国内金融形势的新变化，解析中国货币政策、银行业、保险业和证券期货业的发展状况，预测中国金融发展的最新动态，包括投资基金、保险业发展和金融监管等。

城市竞争力蓝皮书
中国城市竞争力报告No.11（赠阅读卡）

倪鹏飞/主编　　2013年5月出版　　定价:89.00元

◆ 本书由中国社会科学院城市与竞争力研究中心主任倪鹏飞主持编写，汇集了众多研究城市经济问题的专家学者关于城市竞争力研究的最新成果。本报告构建了一套科学的城市竞争力评价指标体系，采用第一手数据材料，对国内重点城市年度竞争力格局变化进行客观分析和综合比较、排名，对研究城市经济及城市竞争力极具参考价值。

城市蓝皮书
中国城市发展报告No.6（赠阅读卡）

潘家华　魏后凯/主编　　2013年8月出版　　估价:59.00元

◆ 本书由中国社会科学院城市发展与环境研究所主编，以聚焦新时期中国城市发展中的民生问题为主题，紧密联系现阶段中国城镇化发展的客观要求，回顾总结中国城镇化进程中城市民生改善的主要成效，并对城市发展中的各种民生问题进行全面剖析，在此基础上提出了民生优先的城市发展思路，以及改善城市民生的对策建议。

农村绿皮书
中国农村经济形势分析与预测(2012~2013)（赠阅读卡）

中国社会科学院农村发展研究所　国家统计局农村社会经济调查司/著
2013年4月出版　　定价：59.00元

◆ 本书对2012年中国农业和农村经济运行情况进行了系统的分析和评价，对2013年中国农业和农村经济发展趋势进行了预测，并提出相应的政策建议，专题部分将围绕某个重大的理论和现实问题进行多维、深入、细致的分析和探讨。

权威 前沿 原创

经济类 | 皮书系列 重点推荐

西部蓝皮书

中国西部经济发展报告（2013）（赠阅读卡）

姚慧琴 徐璋勇 / 主编　　2013 年 7 月出版　　估价 :69.00 元

◆ 本书由西北大学中国西部经济发展研究中心主编，汇集了源自西部本土以及国内研究西部问题的权威专家的第一手资料，对国家实施西部大开发战略进行年度动态跟踪，并对 2013 年西部经济、社会发展态势进行预测和展望。

宏观经济蓝皮书

中国经济增长报告（2012~2013）（赠阅读卡）

张 平 刘霞辉 / 主编　　2013 年 9 月出版　　估价 :69.00 元

◆ 本书由中国社会科学院经济研究所组织编写，独创了中国各省（区、市）发展前景评价体系，通过产出效率、经济结构、经济稳定、产出消耗、增长潜力等近 60 个指标对中国各省（区、市）发展前景进行客观评价，并就"十二五"时期中国经济面临的主要问题进行全面分析。

经济蓝皮书春季号

中国经济前景分析——2013 年春季报告（赠阅读卡）

李 扬 / 主编　　2013 年 4 月出版　　定价 :59.00 元

◆ 本书是经济蓝皮书的姊妹篇，是中国社会科学院"中国经济形势分析与预测"课题组推出的又一重磅作品，汇集了研究现实经济问题的权威专家、学者的最新研究成果。本报告在模型模拟与实证分析的基础上，对当前宏观经济形势进行即时分析，并提出了政策建议。

就业蓝皮书

2013 年中国大学生就业报告（赠阅读卡）

麦可思研究院 / 编著　王伯庆 郭 娇 / 主审
2013 年 6 月出版　　定价 :98.00 元

◆ 本书是迄今为止关于中国应届大学毕业生就业、大学毕业生中期职业发展及高等教育人口流动情况的视野最为宽广、资料最为翔实、分类最为精细的实证调查和定量研究；为我国教育主管部门的教育决策、各高校的教育教学改革、各行业的人才资源建设、大学生的专业和职业选择提供极有价值的参考。

社 会 政 法 类

社会政法类皮书聚焦社会发展领域的热点、难点问题，提供权威、原创的资讯与视点

社会蓝皮书
2013年中国社会形势分析与预测（赠阅读卡）

陆学艺 李培林 陈光金/主编　2012年12月出版　定价：59.00元

◆ 本书为中国社会科学院核心学术品牌之一，荟萃中国社会科学院等众多学术单位的原创成果。本年度报告结合中共"十八大"会议精神，深入探讨中国迈向更加公平、公正的全面小康社会的路径。

法治蓝皮书
中国法治发展报告 No.11(2013)（赠阅读卡）

李林 田禾/主编　2013年2月出版　定价:98.00元

◆ 本皮书回顾总结了2012年度中国法治发展取得的成就和存在的不足，并对2013年中国法治发展形势进行了预测和展望，重点分析了2012年中国的立法情况、犯罪形势分析与预测、不动产征收、城市防灾减灾、计划生育、证券监管与上市公司利润分配、中国海洋环境保护、海外投资的风险对策等问题。

教育蓝皮书
中国教育发展报告(2013)（赠阅读卡）

杨东平/主编　2013年3月出版　定价：69.00元

◆ 本书站在教育前沿，突出教育中的问题，特别是对当前教育改革中出现的教育公平、高校教育结构调整、义务教育均衡发展等问题进行了深入分析，从教育的内在发展谈教育，又从外部条件来谈教育，具有重要的现实意义，对我国的教育体制的改革与发展具有一定的学术价值和参考意义。

社会政法类　　皮书系列 重点推荐

社会建设蓝皮书
2013年北京社会建设分析报告（赠阅读卡）

陆学艺　宋贵伦/主编　2013年6月出版　定价:69.00元

◆ 本书由著名社会学家陆学艺领衔主编，依据社会学理论框架和分析方法，对北京市的人口、就业、分配、社会阶层以及城乡关系等社会学基本问题进行了广泛调研与分析，对广受社会关注的住房、教育、医疗、养老、交通等社会热点问题做了深刻了解与剖析，对日益显现的征地搬迁、外籍人口管理、群体性心理障碍等进行了有益探讨。

政治参与蓝皮书
中国政治参与报告(2013)（赠阅读卡）

房　宁/主编　2013年7月出版　估价:59.00元

◆ 本书是国内第一本运用社会科学数据对"中国公民政策参考"进行持续研究的年度报告，依据全国性问卷调查数据，对中国公民的政策参与客观状况和政策参与主观状况作了总体说明，并对不同性别、不同年龄、不同学历、不同政治面貌、不同职业、不同区域、不同收入的公民群体的政策参与客观状况和主观状况作了具体说明。

社会心态蓝皮书
中国社会心态研究报告(2012~2013)（赠阅读卡）

王俊秀　杨宜音/主编　2013年1月出版　定价:59.00元

◆ 本书由中国社会科学院社会学研究所社会心理研究中心编撰，从社会感受、价值观念、行为倾向等方面对于生活压力感、社会支持感、经济变动感受、微博使用行为、心理危机干预等问题，用社会心理学、社会学、经济学、传播学等多种学科的方法角度进行了调查和研究，深入揭示了我国社会心态状况。

青年蓝皮书
中国青年发展报告（2013）No.1（赠阅读卡）

廉　思/主编　2013年6月出版　定价:59.00元

◆ 国内首部《青年蓝皮书》由廉思课题组经过大量社会调查撰写而成，围绕当代青年领域的重大问题，在实地调研、文献研究和政策梳理的基础上，对三大群体最新生态——"蚁族"、"白领"、新生代农民工进行了全面系统的研究分析，具有重要的理论价值和实践意义。

皮书系列 重点推荐　社会政法类

环境绿皮书

中国环境发展报告（2013）（赠阅读卡）

刘鉴强 / 主编　　2013年4月出版　　定价：69.00元

◆ 本书由民间环保组织"自然之友"组织编写，由特别关注、生态保护、宜居城市、可持续消费以及政策与治理等版块构成，以公共利益的视角记录、审视和思考中国环境状况，呈现2013年中国环境与可持续发展领域的全局态势，用深刻的思考、科学的数据分析2012年的环境热点事件。

环境竞争力绿皮书

中国省域环境竞争力发展报告(2011~2012)（赠阅读卡）

李建平　李闽榕　王金南 / 主编　　2013年10月出版　　估价：148.00元

◆ 本报告融马克思主义经济学、环境科学、生态学、统计学、计量经济学和人文地理学等理论和方法为一体，充分运用数理分析、空间分析以及规范分析与实证分析相结合的方法，构建了比较科学完善、符合中国国情的环境竞争力指标评价体系，对中国内地31个省级区域的环境竞争力进行全面、深入的比较分析和评价。

反腐倡廉蓝皮书

中国反腐倡廉建设报告No.3（赠阅读卡）

李秋芳 / 主编　　2013年8月出版　　估价：59.00元

◆ 本书从"惩治与专项治理、多主体综合监督、公共权力规制、公共资金资源资产监管、公职人员诚信管理、社会廉洁文化建设"六个方面对全国反腐倡廉建设进程与效果进行了综述，结合实地调研和问卷调查，反映了社会公众关注的难点焦点问题，并从理念和举措上提出建议。

老龄蓝皮书

中国老龄事业发展报告（2013）（赠阅读卡）

吴玉韶 / 主编　　2013年2月出版　　定价：59.00元

◆ 本书是第一本全面反映中国老龄事业发展状况的蓝皮书，填补了中国老龄事业发展总结和评估缺乏品牌图书平台的空白。全书全面审视2012~2013年中国人口老龄化发展态势，从老龄政策、养老与医疗保障事业、老龄事业法制化进程、老龄服务、老年宜居环境、老龄文化、老年群体社会管理、老龄科学研究等方面进行深入研究探讨。

行业报告类 | 皮书系列 重点推荐

行业报告类

行业报告类皮书立足重点行业、新兴行业领域，提供及时、前瞻的数据与信息

房地产蓝皮书
中国房地产发展报告 No.10（赠阅读卡）

魏后凯　李景国 / 主编　　2013 年 4 月出版　　定价:79.00 元

◆ 本书由中国社会科学院城市发展与环境研究所组织编写，秉承客观公正、科学中立的原则，深度解析 2012 年中国房地产发展的形势和存在的主要矛盾，并预测 2013 年及未来 10 年或更长时间的房地产发展大势。观点精辟，数据翔实，对关注房地产市场的各阶层人士极具参考价值。

住房绿皮书
中国住房发展报告（2012~2013）（赠阅读卡）

倪鹏飞 / 主编　　2012 年 12 月出版　　定价:79.00 元

◆ 本书从宏观背景、市场体系和公共政策等方面，对中国住房市场作全面系统的分析、预测与评价。在评述 2012 年住房市场走势的基础上，预测 2013 年中国住房市场的发展变化；通过构建中国住房指数体系，量化评估住房市场各关键领域的发展状况；剖析中国住房市场发展所面临的主要问题与挑战，并给出政策建议。

旅游绿皮书
2013 年中国旅游发展分析与预测（赠阅读卡）

宋　瑞 / 主编　　2013 年 9 月出版　　估价:69.00 元

◆ 本书由中国社会科学院旅游研究中心组织编写，从 2012 年国内外发展环境入手，深度剖析 2012 年我国旅游业的跌宕起伏及其背后错综复杂的影响因素，聚焦旅游相关行业的运行特征及相关政策实施，对旅游发展的热点问题给出颇具见地的分析，并提出促进我国旅游业发展的对策建议。

皮书系列 重点推荐 　行业报告类

产业蓝皮书
中国产业竞争力报告 (2013) No.3（赠阅读卡）

张其仔 / 主编　　2013 年 5 月出版　　定价 :79.00 元

◆ 本书多层次、多角度地对中国产业竞争力的总体走势、重点工业竞争力及全国 2000 多个县（市）的产业竞争力进行了系统评估，揭示了国际产业竞争中的新变化、新风险、新挑战，是了解国内外产业竞争力最新动态的支撑平台。

能源蓝皮书
中国能源发展报告 (2013)（赠阅读卡）

崔民选 / 主编　　2013 年 7 月出版　　估价 :79.00 元

◆ 本书结合中国经济面临转型的新形势，着眼于构建安全稳定、经济清洁的现代能源产业体系，盘点 2012 年中国能源行业的运行和发展走势，对 2012 年我国能源产业和各行业的运行特征、热点问题进行了深度剖析，并提出了未来趋势预测和对策建议。

投资蓝皮书
中国投资发展报告 (2013)（赠阅读卡）

杨庆蔚 / 主编　　2013 年 4 月出版　　定价 :128.00 元

◆ 目前学术界和实务界对于投资的研究主要集中于其中的某个领域，缺乏总括性的研究。本书尝试将投资作为一个整体进行研究，能够较为清晰地展现社会资金流动的特点，为投资者、研究者乃至政策制定者提供参考。

电子商务蓝皮书
中国电子商务服务业发展报告 No.2（赠阅读卡）

荆林波　梁春晓 / 主编　　2013 年 5 月出版　　定价 :59.00 元

◆ 本书由中国社会科学院财经战略研究院、阿里巴巴集团研究中心、"中国电子商务服务业发展报告"课题组编著，反映了我国 2012 年电子商务服务业的发展情况。对电子商务服务业发展的总体情况、问题和趋势进行描述分析，并对电子商务服务业对中国经济转型的作用进行剖析。

文化传媒类

皮书系列
重点推荐

文化传媒类

文化传媒类皮书透视文化领域、文化产业，探索文化大繁荣、大发展的路径

文化蓝皮书
中国文化产业发展报告(2012~2013)（赠阅读卡）

张晓明　王家新　章建刚/主编　2013年3月出版　定价:69.00元

◆ 本皮书从不同角度、不同侧面对文化产业改革与发展进行了分析，包括文化发展环境、不同层面文化发展现状、文化组织的变迁与发展、文化个案的典型意义等，比较全面地反映出我国文化产业发展的成绩与问题。

传媒蓝皮书
2013年中国传媒产业发展报告（赠阅读卡）

崔保国/主编　2013年4月出版　定价:89.00元

◆ 本书突出"变"与"势"，提出"大传媒"的概念，不是只关注以内容制造业为主的传统媒体产业，而是把传媒产业、通讯产业、IT产业统和起来研究其关联变异，为中国传媒产业正在发生的变革提供前瞻性的理论和观点。

新媒体蓝皮书
中国新媒体发展报告No.4(2013)（赠阅读卡）

唐绪军/主编　2013年6月出版　定价:69.00元

◆ 本书由中国社会科学院新闻与传播研究所和上海大学合作编写，在构建新媒体发展研究基本框架的基础上，全面梳理2012年中国新媒体发展现状，发表最前沿的网络媒体深度调查数据和研究成果，并对新媒体发展的未来趋势做出预测。

皮书系列
重点推荐

国别与地区类

国别与地区类

国别与地区类皮书关注全球重点国家与地区，提供全面、独特的解读与研究

国际形势黄皮书

全球政治与安全报告 (2013)（赠阅读卡）

李慎明　张宇燕 / 主编　　2012 年 12 月出版　　定价 :59.00 元

◆ 本书是由中国社会科学院世界经济与政治研究所精心打造的又一品牌皮书，关注时下国际关系发展动向里隐藏的中长期趋势，剖析全球政治与安全格局下的国际形势最新动向以及国际关系发展的热点问题，并对 2013 年国际社会重大动态作出前瞻性的分析与预测。

美国蓝皮书

美国问题研究报告 (2013)（赠阅读卡）

黄　平　倪　峰 / 主编　　2013 年 6 月出版　　估价 :69.00 元

◆ 本书以"构建中美新型大国关系"为主题，对 2012 年以来美国内政外交发生的重大事件以及重要政策进行了较为全面的回顾和梳理，尤其对奥巴马连任后美国内外政策的走向给予了重点关注。

欧洲蓝皮书

欧洲发展报告 (2012~2013)（赠阅读卡）

周　弘 / 主编　　2013 年 3 月出版　　定价 :89.00 元

◆ 本皮书以"欧洲债务危机的多重影响"为主题，对欧洲经济、政治、社会、外交等面的形式进行了跟踪介绍与分析。欧洲债务危机对中国产生的最大负面意义是不利于中国扩大对欧盟的出口，但同时也为中国扩大在欧洲的投资提供了机遇。

地方发展类

皮书系列
重点推荐

地方发展类

地方发展类皮书关注大陆各省份、经济区域，提供科学、多元的预判与咨政信息

北京蓝皮书
北京经济发展报告 (2012~2013)（赠阅读卡）

孙天法 / 主编　　2013 年 4 月出版　　定价：65.00 元

◆ 本书是北京蓝皮书系列之一种，研创团队北京市社会科学院紧紧围绕北京市年度经济社会发展的目标，突出对北京市经济社会发展中全局性、战略性、倾向性的重点、热点、难点问题进行分析和预测的综合研究成果。

北京蓝皮书
北京社会发展报告 (2012~2013)（赠阅读卡）

戴建中 / 主编　　2013 年 8 月出版　　估价：59.00 元

◆ 本书是北京蓝皮书系列之一种，研创团队以北京市社会科学院研究人员为主，同时邀请北京市党政机关和大学的专家学者参加。本书为北京市政策制定和执行提供了依据和思路，为了解中国首都的社会现状贡献了丰富的资料和解读，具有一定的影响力，因持续追踪社会热点问题而引起广泛的关注。

京津冀蓝皮书
京津冀发展报告（2013）（赠阅读卡）

文魁　祝尔娟　等 / 著　　2013 年 3 月出版　　定价：79.00 元

◆ 本书具有很强的时效性，全书基本上都是运用第一手资料，对当下的京津冀区域发展热点问题进行分析、总结和预测，对京津冀区域发展和城市建设布局有重要的指导意义。本书的创新和建树主要体现在：理论研究方面，强调用综合承载力、区域承载力、相对承载力、潜在承载力等新理念来全面审视和综合分析承载力。

13

皮书系列 重点推荐 地方发展类

上海蓝皮书
上海经济发展报告(2013)（赠阅读卡）
沈开艳/主编　　2013年1月出版　　定价:69.00元

◆ 本书是上海蓝皮书系列之一种，围绕上海如何实现经济转型问题展开，通过对复苏缓慢的国际经济大环境、趋于紧缩的国内宏观经济背景的深入分析，认为上海迫切需要解决而又密切相关的现实问题是"增长动力转型"与"产业发展转型"两大核心。

上海蓝皮书
上海社会发展报告(2013)（赠阅读卡）
卢汉龙　周海旺/主编　　2013年1月出版　　定价：69.00元

◆ 本书是上海蓝皮书系列之一种，围绕机制创新、社会政策、社会组织等方面，对上海近年来的社会热点问题进行了调研，在总结现状及其成因的基础上，提出了一些对策建议，关注了上海的主要社会问题，可为决策层制订相关政策提供借鉴。

河南蓝皮书
河南经济发展报告(2013)（赠阅读卡）
喻新安/主编　　2013年1月出版　　定价：59.00元

◆ 本书是河南蓝皮书系列之一种，由河南省社会科学院主持编撰，以中原经济区"三化"协调科学发展为主题，深入全面地分析了当前河南经济发展的主要特点及2012年的走势，全方位、多角度研究和探讨了河南探索"三化"协调发展的举措及成效，并对河南积极构建中原经济区建设提出了对策建议。

甘肃蓝皮书
甘肃经济发展分析与预测(2013)（赠阅读卡）
朱智文　罗哲/主编　　2013年1月出版　　定价：69.00元

◆ 本书是甘肃蓝皮书系列之一种，是近年来甘肃经济社会发展的年度综合性研究成果之一，是对不同时期甘肃省实现区域创新和改革开放的年度总结。全书以特有的方式将经济运行情况、预测分析、政策建议三者结合起来，在科学分析经济发展形势的基础上为甘肃未来经济发展做出了科学预测，并提出政策建议。

经济类 | 皮书系列 2013全品种

经济类

城市竞争力蓝皮书
中国城市竞争力报告No.11
著(编)者：倪鹏飞　2013年5月出版　定价：89.00元

城市蓝皮书
中国城市发展报告NO.6
著(编)者：潘家华　魏后凯　2013年8月出版　估价：59.00元

城乡一体化蓝皮书
中国城乡一体化发展报告(2013)
著(编)者：汝信　付崇兰　2013年12月出版　估价：59.00元

低碳发展蓝皮书
中国低碳发展报告(2012~2013)
著(编)者：齐晔　2013年1月出版　定价：85.00元

低碳经济蓝皮书
中国低碳经济发展报告(2013)
著(编)者：薛进军　赵忠秀　2013年5月出版　定价：59.00元

东北蓝皮书
中国东北地区发展报告(2013)
著(编)者：张新颖　2013年8月出版　估价：79.00元

发展和改革蓝皮书
中国经济发展和体制改革报告No.6
著(编)者：邹东涛　2013年7月出版　估价：75.00元

国际城市蓝皮书
国际城市发展报告(2013)
著(编)者：屠启宇　2013年1月出版　定价：69.00元

国家竞争力蓝皮书
中国国家竞争力报告No.2
著(编)者：倪鹏飞　2013年7月出版　定价：69.00元

宏观经济蓝皮书
中国经济增长报告(2012~2013)
著(编)者：张平　刘霞辉　2013年9月出版　估价：69.00元

减贫蓝皮书
中国减贫与社会发展报告
著(编)者：黄承伟　2013年7月出版　定价：59.00元

金融蓝皮书
中国金融发展报告(2013)
著(编)者：李扬　王国刚　2012年12月出版　定价：59.00元

经济蓝皮书
2013年中国经济形势分析与预测
著(编)者：陈佳贵　李扬　2012年12月出版　定价：59.00元

经济蓝皮书春季号
中国经济前景分析——2013年春季报告
著(编)者：李扬　2013年4月出版　定价：59.00元

经济信息绿皮书
中国与世界经济发展报告(2013)
著(编)者：杜平　2012年12月出版　定价：79.00元

就业蓝皮书
2013年中国大学生就业报告
著(编)者：麦可思研究院　王伯庆　2013年6月出版　定价：98.00元

民营经济蓝皮书
中国民营经济发展报告No.10（2012~2013）
著(编)者：黄孟复　2013年9月出版　估价：69.00元

农村绿皮书
中国农村经济形势分析与预测(2012~2013)
著(编)者：中国社会科学院农村发展研究所
　　　　国家统计局农村社会经济调查司
2013年4月出版　定价：59.00元

企业公民蓝皮书
中国企业公民报告NO.3
著(编)者：邹东涛　2013年7月出版　估价：59.00元

企业社会责任蓝皮书
中国企业社会责任研究报告(2013)
著(编)者：陈佳贵　黄群慧　彭华岗　钟宏武
2012年11月出版　定价：59.00元

区域蓝皮书
中国区域经济发展报告(2012~2013)
著(编)者：梁昊光　2013年4月出版　估价：69.00元

人口与劳动绿皮书
中国人口与劳动问题报告No.14
著(编)者：蔡昉　2013年6月出版　估价：69.00元

生态城市绿皮书
中国生态城市建设发展报告(2013)
著(编)者：孙伟平　刘举科　2013年6月出版　估价：128.00元

西北蓝皮书
中国西北发展报告(2013)
著(编)者：杨尚勤　石英　王建康　2013年3月出版　估价：65.00元

西部蓝皮书
中国西部发展报告(2013)
著(编)者：姚慧琴　徐璋勇　2013年7月出版　估价：69.00元

长三角蓝皮书
全球格局变化中的长三角
著(编)者：王战　2013年6月出版　估价：69.00元

中部竞争力蓝皮书
中国中部经济社会竞争力报告(2013)
著(编)者：教育部人文社会科学重点研究基地
　　　　南昌大学中国中部经济社会发展研究中心
2013年10月出版　估价：59.00元

中部蓝皮书
中国中部地区发展报告（2013~2014）
著(编)者：喻新安　2013年5月出版　定价：69.00元

中国省域竞争力蓝皮书
中国省域经济综合竞争力发展报告(2011~2012)
著(编)者：李建平　李闽榕　高燕京
2013年3月出版　定价：188.00元

皮书系列 2013全品种
经济类·社会政法类

中小城市绿皮书
中国中小城市发展报告(2013)
著(编)者：中国城市经济学会中小城市经济发展委员会
《中国中小城市发展报告》编纂委员会
2013年8月出版 / 估价:98.00元

珠三角流通蓝皮书
珠三角流通业发展报告(2013)
著(编)者：王先庆 林至颖 2013年8月出版 / 估价:69.00元

社会政法类

殡葬绿皮书
中国殡葬事业发展报告(2012~2013)
著(编)者：李伯森 2013年3月出版 / 定价:59.00元

城市生活质量蓝皮书
中国城市生活质量指数报告(2013)
著(编)者：张 平 2013年7月出版 / 估价:59.00元

创新蓝皮书
创新型国家建设报告(2012~2013)
著(编)者：詹正茂 2013年7月出版 / 估价:69.00元

慈善蓝皮书
中国慈善发展报告(2013)
著(编)者：杨 团 2013年6月出版 / 定价:79.00元

法治蓝皮书
中国法治发展报告No.11(2013)
著(编)者：李 林 田 禾 2013年3月出版 / 定价:98.00元

反腐倡廉蓝皮书
中国反腐倡廉建设报告No.3
著(编)者：李秋芳 2013年8月出版 / 估价:59.00元

非传统安全蓝皮书
中国非传统安全研究报告(2012~2013)
著(编)者：余潇枫 2013年5月出版 / 定价:79.00元

妇女发展蓝皮书
福建省妇女发展报告(2013)
著(编)者：刘群英 2013年10月出版 / 估价:58.00元

妇女发展蓝皮书
中国妇女发展报告No.5
著(编)者：王金玲 高小贤 2013年9月出版 / 估价:65.00元

妇女教育蓝皮书
中国妇女教育发展报告No.3
著(编)者：张李玺 2013年10月出版 / 估价:69.00元

公共服务蓝皮书
中国城市基本公共服务力评价(2012~2013)
著(编)者：侯惠勤 辛向阳 易定宏 2013年8月出版 / 估价:55.00元

公益蓝皮书
中国公益发展报告(2013)
著(编)者：朱健刚 2013年8月出版 / 估价:78.00元

国际人才蓝皮书
中国海归创业发展报告(2013)No.2
著(编)者：王辉耀 路江涌 2013年6月出版 / 估价:69.00元

国际人才蓝皮书
中国留学发展报告(2013) No.2
著(编)者：王辉耀 2013年8月出版 / 估价:59.00元

华侨华人蓝皮书
华侨华人研究报告(2013)
著(编)者：丘 进 2013年10月出版 / 估价:128.00元

环境竞争力绿皮书
中国省域环境竞争力发展报告(2011~2012)
著(编)者：李建平 李闽榕 王金南
2013年10月出版 / 估价:148.00元

环境绿皮书
中国环境发展报告(2013)
著(编)者：刘鉴强 2013年4月出版 / 定价:69.00元

教师蓝皮书
中国中小学教师发展报告(2013)
著(编)者：曾晓东 2013年10月出版 / 估价:59.00元

教育蓝皮书
中国教育发展报告(2013)
著(编)者：杨东平 2013年3月出版 / 估价:69.00元

金融监管蓝皮书
中国金融监管报告2013
著(编)者：胡 滨 2013年5月出版 / 估价:59.00元

科普蓝皮书
中国科普基础设施发展报告(2012~2013)
著(编)者：任福君 2013年6月出版 / 估价:59.00元

口腔健康蓝皮书
中国口腔健康发展报告(2013)
著(编)者：胡德渝 2013年12月出版 / 估价:59.00元

老龄蓝皮书
中国老龄事业发展报告(2013)
著(编)者：吴玉韶 2013年2月出版 / 定价:59.00元

社会政法类

皮书系列 2013全品种

民间组织蓝皮书
中国民间组织报告(2012~2013)
著(编)者：黄晓勇　2013年10月出版　估价：69.00元

民族蓝皮书
中国民族区域自治发展报告(2013)
著(编)者：郝时远　2013年7月出版　估价：98.00元

女性生活蓝皮书
中国女性生活状况报告No.7(2013)
著(编)者：韩湘景　2013年3月出版　定价：78.00元

气候变化绿皮书
应对气候变化报告(2013)
著(编)者：王伟光　郑国光　2013年11月出版　估价：59.00元

汽车社会蓝皮书
中国汽车社会发展报告(2012~2013)
著(编)者：王俊秀　2013年1月出版　估价：59.00元

青少年蓝皮书
中国未成年人新媒体运用报告(2012~2013)
著(编)者：李文革　沈杰　季为民
2014年7月出版　估价：69.00元

人才竞争力蓝皮书
中国区域人才竞争力报告(2013)
著(编)者：桂昭明　王辉耀　2013年6月出版　定价：69.00元

人才蓝皮书
中国人才发展报告(2013)
著(编)者：潘晨光　2013年8月出版　估价：79.00元

人权蓝皮书
中国人权事业发展报告No.3(2013)
著(编)者：李君如　2013年6月出版　估价：98.00元

社会保障绿皮书
中国社会保障发展报告(2013)No.6
著(编)者：王延中　2013年10月出版　估价：69.00元

社会工作蓝皮书
中国社会工作发展报告(2012~2013)
著(编)者：蒋昆生　戚学森　2013年7月出版　估价：59.00元

社会管理蓝皮书
中国社会管理创新报告No.2
著(编)者：连玉明　2013年9月出版　估价：79.00元

社会建设蓝皮书
2013年北京社会建设分析报告
著(编)者：陆学艺　宋贵伦
2013年6月出版　定价：69.00元

社会科学蓝皮书
中国社会科学学术前沿(2012~2013)
著(编)者：高翔　2013年9月出版　估价：69.00元

社会蓝皮书
2013年中国社会形势分析与预测
著(编)者：陆学艺　李培林　陈光金
2012年12月出版　定价：59.00元

社会心态蓝皮书
中国社会心态研究报告(2012~2013)
著(编)者：王俊秀　杨宜音　2013年1出版　定价：59.00元

生态文明绿皮书
中国省域生态文明建设评价报告(2013)
著(编)者：严耕　2013年10月出版　估价：98.00元

食品药品蓝皮书
食品药品安全与监管政策研究报告(2013)
著(编)者：唐民皓　2013年7月出版　估价：69.00元

世界创新竞争力黄皮书
世界创新竞争力发展报告(2012~2013)
著(编)者：李建平　李闽榕　赵新力
2013年11月出版　估价：128.00元

世界社会主义黄皮书
世界社会主义跟踪研究报告(2012~2013)
著(编)者：李慎明　2013年5月出版　定价：189.00元

危机管理蓝皮书
中国危机管理报告(2013)
著(编)者：文学国　范正青　2013年7月出版　估价：79.00元

小康蓝皮书
中国全面建设小康社会监测报告(2013)
著(编)者：潘璠　2013年11月出版　估价：59.00元

形象危机应对蓝皮书
形象危机应对研究报告(2013)
著(编)者：唐钧　2013年9月出版　估价：118.00元

行政改革蓝皮书
中国行政体制改革报告(2012)No.2
著(编)者：魏礼群　2013年3月出版　定价：69.00元

舆情蓝皮书
中国社会舆情与危机管理报告(2013)
著(编)者：谢耘耕　2013年8月出版　估价：78.00元

政治参与蓝皮书
中国政治参与报告(2013)
著(编)者：房宁　2013年7月出版　估价：59.00元

宗教蓝皮书
中国宗教报告(2013)
著(编)者：金泽　邱永辉　2013年7月出版　估价：59.00元

行业报告类

保健蓝皮书
中国保健服务产业发展报告No.2
著(编)者：中国保健协会　中共中央党校
2013年7月出版　估价：198.00元

保健蓝皮书
中国保健食品产业发展报告No.2
著(编)者：中国保健协会
　　　中国社会科学院食品药品产业发展与监管研究中心
2013年7月出版　估价：198.00元

保健蓝皮书
中国保健用品产业发展报告No.2
著(编)者：中国保健协会　2013年10月出版　估价：198.00元

保险蓝皮书
中国保险业竞争力报告(2012~2013)
著(编)者：罗忠敏　王力　2013年1月出版　定价：98.00元

餐饮产业蓝皮书
中国餐饮产业发展报告(2013)
著(编)者：中国烹饪协会　中国社会科学院财经战略研究院
2013年5月出版　定价：59.00元

测绘地理信息蓝皮书
中国测绘地理信息创新报告(2013)
著(编)者：徐德明　2013年12月出版　估价：98.00元

茶业蓝皮书
中国茶产业发展报告(2013)
著(编)者：李闽榕　杨江帆　2013年4月出版　定价：78.00元

产权市场蓝皮书
中国产权市场发展报告(2012~2013)
著(编)者：曹和平　2013年12月出版　估价：69.00元

产业安全蓝皮书
中国保险产业安全报告(2013)
著(编)者：李孟刚　2013年10月出版　估价：59.00元

产业安全蓝皮书
中国产业外资控制报告(2012~2013)
著(编)者：李孟刚　2013年10月出版　估价：69.00元

产业安全蓝皮书
中国金融产业安全报告(2013)
著(编)者：李孟刚　2013年10月出版　估价：69.00元

产业安全蓝皮书
中国轻工业发展与安全报告(2013)
著(编)者：李孟刚　2013年10月出版　估价：69.00元

产业安全蓝皮书
中国私募股权产业安全与发展报告(2013)
著(编)者：李孟刚　2013年10月出版　估价：59.00元

产业安全蓝皮书
中国新能源产业发展与安全报告(2013)
著(编)者：北京交通大学中国产业安全研究中心
2013年3月出版　估价：69.00元

产业安全蓝皮书
中国能源产业安全报告(2013)
著(编)者：北京交通大学中国产业安全研究中心
2013年12月出版　估价：69.00元

产业安全蓝皮书
中国海洋产业安全报告(2012~2013)
著(编)者：北京交通大学中国产业安全研究中心
2013年12月出版　估价：59.00元

产业蓝皮书
中国产业竞争力报告(2013) NO.3
著(编)者：张其仔　2013年5月出版　定价：79.00元

电子商务蓝皮书
中国城市电子商务影响力报告(2013)
著(编)者：荆林波　梁春晓　2013年5月出版　定价：59.00元

电子政务蓝皮书
中国电子政务发展报告(2013)
著(编)者：洪毅　王长胜　2013年9月出版　定价：59.00元

杜仲产业绿皮书
中国杜仲种植与产业发展报告(2013)
著(编)者：胡文臻　杜红岩　2013年9月出版　定价：78.00元

房地产蓝皮书
中国房地产发展报告No.10
著(编)者：魏后凯　李景国　2013年4月出版　定价：79.00元

服务外包蓝皮书
中国服务外包产业发展报告(2012~2013)
著(编)者：王晓红　李皓
2013年2月出版　定价：89.00元

服务外包蓝皮书
中国服务外包竞争力报告(2012~2013)
——中国服务外包基地城市竞争力评价
著(编)者：王力　刘春生　黄育华
2013年5月出版　定价：59.00

工业设计蓝皮书
中国工业设计发展报告(2013)
著(编)者：王晓红　2013年7月出版　估价：69.00元

行业报告类
皮书系列 2013全品种

高端消费蓝皮书
中国高端消费市场研究报告(2013)
著(编)者：荆林波　侬绍华　2013年10月出版 / 估价:59.00元

会展经济蓝皮书
中国会展经济发展报告(2013)
著(编)者：过聚荣　2013年6月出版 / 估价:65.00元

会展蓝皮书
中外会展业动态评估年度报告(2013)
著(编)者：张　敏　2013年8月出版 / 估价:68.00元

基金会蓝皮书
中国基金会发展报告(2013)
著(编)者：刘忠祥　2013年7月出版 / 估价:79.00元

基金会绿皮书
中国基金会发展独立研究报告(2013)
著(编)者：基金会中心网　2013年7月出版 / 估价:59.00元

交通运输蓝皮书
中国交通运输业发展报告(2013)
著(编)者：崔民选　王军生　2013年6月出版 / 估价:69.00元

金融蓝皮书
中国金融中心发展报告(2012~2013)
著(编)者：王　力　黄育华　2013年10月出版 / 估价:59.00元

金融蓝皮书
中国商业银行竞争力报告(2013)
著(编)者：王松奇　2013年10月出版 / 估价:79.00元

金融监管蓝皮书
中国金融监管报告(2013)
著(编)者：胡　滨　2013年10月出版 / 估价:59.00元

科学传播蓝皮书
中国科学传播报告(2013)
著(编)者：詹正茂　2013年7月出版 / 估价:69.00元

口岸生态绿皮书
中国口岸地区生态文化发展报告No.1(2013)
著(编)者：胡文臻　刘　静　2013年8月出版 / 估价:78.00元

"老字号"蓝皮书
中国"老字号"企业发展报告No.2(2013)
著(编)者：张继焦　丁惠敏　黄忠彩
2013年10月出版 / 估价:69.00元

"两化"融合蓝皮书
中国"两化"融合发展报告(2013)
著(编)者：曹淑敏　工业和信息化部电信研究院
2013年8月出版 / 估价:98.00元

流通蓝皮书
湖南省商贸流通产业发展报告No.2
著(编)者：柳思维　2013年10月出版 / 估价:75.00元

流通蓝皮书
中国商业发展报告(2012~2013)
著(编)者：荆林波　2013年4月出版 / 估价:89.00元

旅游安全蓝皮书
中国旅游安全报告(2013)
著(编)者：郑向敏　谢朝武　2013年6月出版 / 定价:79.00元

旅游绿皮书
2013年中国旅游发展分析与预测
著(编)者：宋　瑞　2013年9月出版 / 估价:69.00元

贸易蓝皮书
中国贸易发展报告(2013)
著(编)者：荆林波　2014年5月出版 / 估价:49.00元

煤炭蓝皮书
中国煤炭工业发展报告No.5(2012~2015)
著(编)者：岳福斌　2012年12月出版 / 定价:79.00元

煤炭市场蓝皮书
中国煤炭市场发展报告(2013)
著(编)者：曲剑午　2013年8月出版 / 估价:79.00元

民营医院蓝皮书
中国民营医院发展报告(2013)
著(编)者：陈绍福　王培舟　2013年9月出版 / 估价:89.00元

闽商蓝皮书
闽商发展报告(2013)
著(编)者：李闽榕　王日根　林　琛
2013年10月出版 / 估价:69.00元

能源蓝皮书
中国能源发展报告(2013)
著(编)者：崔民选　2013年7月出版 / 估价:79.00元

农产品流通蓝皮书
中国农产品流通产业发展报告(2013)
著(编)者：贾敬敦　王炳南　张玉玺　张鹏毅　陈丽华
2013年7月出版 / 估价:98.00元

期货蓝皮书
中国期货市场发展报告(2013)
著(编)者：荆林波　2013年7月出版 / 估价:69.00元

企业蓝皮书
中国企业竞争力报告(2013)
著(编)者：金　碚　2013年11月出版 / 估价:79.00元

汽车蓝皮书
中国汽车产业发展报告(2013)
著(编)者：国务院发展研究中心产业经济研究部
　　　　　中国汽车工程学会　大众汽车集团(中国)
2013年9月出版 / 估价:79.00元

人力资源蓝皮书
中国人力资源发展报告(2013)
著(编)者：吴　江　田小宝　2013年8月出版 / 估价:69.00元

软件和信息服务业蓝皮书
中国软件和信息服务业发展报告(2013)
著(编)者：洪京一　工业和信息化部电子科学技术情报研究所
2013年8月出版 / estimate：98.00元

商会蓝皮书
中国商会发展报告 No.5 (2013)
著(编)者：黄孟复　2013年8月出版　估价：59.00元

商品市场蓝皮书
中国商品市场发展报告(2013)
著(编)者：荆林波　2013年7月出版　估价：59.00元

私募市场蓝皮书
中国私募股权市场发展报告(2013)
著(编)者：曹和平　2013年10月出版 / 估价：69.00元

体育蓝皮书
中国体育产业发展报告(2013)
著(编)者：阮伟 钟秉枢　2013年2月出版 / 定价：69.00元

投资蓝皮书
中国投资发展报告(2013)
著(编)者：杨庆蔚　2013年4月出版 / 定价：128.00元

物联网蓝皮书
中国物联网发展报告(2012~2013)
著(编)者：黄桂田 等　2013年1月出版 / 定价：59.00元

西部工业蓝皮书
中国西部工业发展报告(2013)
著(编)者：方行明 刘方健 姜凌 等
2013年7月出版 / 估价：69.00元

西部金融蓝皮书
中国西部金融发展报告(2013)
著(编)者：李忠民　2013年10月出版 / 估价：69.00元

信息化蓝皮书
中国信息化形势分析与预测(2013)
著(编)者：周宏仁　2013年7月出版 / 估价：98.00元

信用蓝皮书
中国信用发展报告(2012~2013)
著(编)者：章政 田侃　2013年4月出版 / 定价：69.00元

休闲绿皮书
2013年中国休闲发展报告
著(编)者：刘德谦 唐兵 宋瑞
2013年7月出版 / 估价：59.00元

中国林业竞争力蓝皮书
中国省域林业竞争力发展报告No.3(2012~2013)（上下册）
著(编)者：郑传芳 李闽榕 张春霞 张会儒
2013年8月出版 / 估价：139.00元

中国农业竞争力蓝皮书
中国省域农业竞争力发展报告No.2（2010~2012）（上下册）
著(编)者：郑传芳 宋洪远 李闽榕 张春霞
2013年7月出版 / 估价：128.00元

中国总部经济蓝皮书
中国总部经济发展报告(2013~2014)
著(编)者：赵弘　2013年9月出版 / 估价：69.00元

住房绿皮书
中国住房发展报告(2012~2013)
著(编)者：倪鹏飞　2012年12月出版 / 定价：79.00元

资本市场蓝皮书
中国场外交易市场发展报告(2012~2013)
著(编)者：高峦　2013年3月出版 / 定价：79.00元

资产管理蓝皮书
中国信托业发展报告(2013)
著(编)者：蒲坚 郑智　2013年7月出版 / 估价：59.00元

支付清算蓝皮书
中国支付清算发展报告(2013)
著(编)者：杨涛　2013年4月出版 / 定价：45.00元

文化传媒类

传媒蓝皮书
2013年中国传媒产业发展报告
著(编)者：崔保国　2013年4月出版 / 定价：89.00元

创意城市蓝皮书
北京文化创意产业发展报告(2013)
著(编)者：张京成 王国华　2013年8月出版 / 估价：69.00元

创意城市蓝皮书
青岛文化创意产业发展报告(2013)
著(编)者：马达　2013年8月出版 / 估价：69.00元

动漫蓝皮书
中国动漫产业发展报告(2013)
著(编)者：卢斌 郑玉明 牛兴侦
2013年10月出版 / 估价：69.00元

广电蓝皮书
中国广播电影电视发展报告(2013)
著(编)者：庞井君　2013年6月出版 / 估价：128.00元

广告主蓝皮书
中国广告主营销传播趋势报告NO.7
著(编)者：中国传媒大学广告主研究所
中国广告主营销传播创新研究课题组
黄升民 杜国清 邵华冬
2013年5月出版 / 定价：148.00元

文化传媒类·国别与地区类

纪录片蓝皮书
中国纪录片发展报告(2013)
著(编)者:何苏六 2013年10月出版 / 估价:78.00元

两岸文化蓝皮书
两岸文化产业合作发展报告(2013)
著(编)者:胡惠林 肖夏勇 2013年6月出版 / 估价:59.00元

全球传媒蓝皮书
全球传媒产业发展报告(2013)
著(编)者:胡正荣 2013年1月出版 / 估价:79.00元

视听新媒体蓝皮书
中国视听新媒体发展报告(2013)
著(编)者:庞井君 2013年6月出版 / 定价:148.00元

文化创新蓝皮书
中国文化创新报告(2013)No.4
著(编)者:于 平 傅才武
2013年2月出版 / 定价:128.00元

文化蓝皮书
中国文化产业发展报告(2012~2013)
著(编)者:张晓明 王家新 章建刚
2013年3月出版 / 定价:69.00元

文化蓝皮书
中国城镇文化消费需求景气评价报告(2013)
著(编)者:王亚南 高书生 2013年5月出版 / 定价:79.00元

文化蓝皮书
中国少数民族文化发展报告(2012)
著(编)者:武翠英 张晓明 张学进
2013年3月出版 / 定价:69.00元

文化蓝皮书
中国公共文化服务发展报告(2013)
著(编)者:于 群 李国新 2013年10月出版 / 估价:98.00元

文化蓝皮书
中国文化消费需求景气评价报告(2013)
著(编)者:王亚南 高书生 2013年5月出版 / 定价:79.00元

文化蓝皮书
中国文化产业供需协调增长测评报告(2013)
著(编)者:王亚南 高书生 2013年5月出版 / 定价:79.00元

文化蓝皮书
中国乡村文化消费需求景气评价报告(2013)
著(编)者:王亚南 高书生 2013年5月出版 / 定价:79.00元

文化蓝皮书
中国中心城市文化消费需求景气评价报告(2013)
著(编)者:王亚南 2013年5月出版 / 定价:79.00元

文化品牌蓝皮书
中国文化品牌发展报告(2013)
著(编)者:欧阳友权 2013年5月出版 / 定价:79.00元

文化软实力蓝皮书
中国文化软实力研究报告(2013)
著(编)者:张国祚 2013年7月出版 / 估价:79.00元

文化遗产蓝皮书
中国文化遗产事业发展报告(2013)
著(编)者:刘世锦 2013年9月出版 / 估价:79.00元

文学蓝皮书
中国文情报告(2012~2013)
著(编)者:白 烨 2013年5月出版 / 定价:59.00元

新媒体蓝皮书
中国新媒体发展报告No.4(2013)
著(编)者:唐绪军 2013年6月出版 / 定价:69.00元

移动互联网蓝皮书
中国移动互联网发展报告(2013)
著(编)者:官建文 2013年5月出版 / 定价:79.00元

国别与地区类

G20国家创新竞争力黄皮书
二十国集团(G20)国家创新竞争力发展报告(2013)
著(编)者:李建平 李闽榕 赵新力
2013年12月出版 / 估价:118.00元

澳门蓝皮书
澳门经济社会发展报告(2012~2013)
著(编)者:郝雨凡 吴志良 2013年4月出版 / 定价:69.00元

德国蓝皮书
德国发展报告(2013)
著(编)者:郑春荣 李乐曾 2013年5月出版 / 定价:69.00元

东南亚蓝皮书
东南亚地区发展报告(2013)
著(编)者:王 勤 2013年11月出版 / 估价:59.00元

东北亚黄皮书
东北亚地区政治与安全报告(2013)
著(编)者:黄凤志 2013年6月出版 / 定价:59.00元

东盟蓝皮书
东盟发展报告(2013)
著(编)者:黄兴球 庄国土 2013年11月出版 / 估价:59.00元

俄罗斯黄皮书
俄罗斯发展报告(2013)
著(编)者:李永全 2013年9月出版 / 估价:69.00元

非洲黄皮书
非洲发展报告No.15(2012~2013)
著(编)者:张宏明 2013年7月出版 / 估价:79.00元

国别与地区类·地方发展类

港澳珠三角蓝皮书
粤港澳区域合作与发展报告(2012~2013)
著(编)者：梁庆寅　陈广汉　2013年8月出版　估价：59.00元

国际形势蓝皮书
全球政治与安全报告(2013)
著(编)者：李慎明　张宇燕　2012年12月出版　定价：59.00元

韩国蓝皮书
韩国发展报告(2013)
著(编)者：牛林杰　刘宝全　2013年6月出版　估价：69.00元

拉美黄皮书
拉丁美洲和加勒比发展报告(2012~2013)
著(编)者：吴白乙　2013年5月出版　定价：89.00元

美国蓝皮书
美国问题研究报告(2013)
著(编)者：黄平　倪峰　2013年6月出版　估价：69.00元

缅甸蓝皮书
缅甸国情报告(2011~2012)
著(编)者：李晨阳　2013年4月出版　定价：79.00元

欧亚大陆桥发展蓝皮书
欧亚大陆桥发展报告(2012~2013)
著(编)者：李忠民　2013年10月出版　估价：59.00元

欧洲蓝皮书
欧洲发展报告(2012~2013)
著(编)者：周弘　2013年3月出版　定价：89.00元

日本经济蓝皮书
日本经济与中日经贸关系发展报告(2013)
著(编)者：王洛林　张季风　2013年5月出版　定价：79.00元

日本蓝皮书
日本研究报告(2013)
著(编)者：李薇　2013年5月出版　定价：69.00元

上海合作组织黄皮书
上海合作组织发展报告(2013)
著(编)者：李进峰　吴宏伟　2013年7月出版　估价：79.00元

世界经济黄皮书
2013年世界经济形势分析与预测
著(编)者：王洛林　张宇燕　2013年1月出版　定价：59.00元

新兴经济体蓝皮书
金砖国家发展报告(2013)——合作与崛起
著(编)者：林跃勤　周文　2013年3月出版　估价：69.00元

亚太蓝皮书
亚太地区发展报告(2013)
著(编)者：李向阳　2013年1月出版　定价：59.00元

印度蓝皮书
印度国情报告(2012~2013)
著(编)者：吕昭义　2013年9月出版　估价：59.00元

越南蓝皮书
越南国情报告(2013)
著(编)者：吕余生　2013年7月出版　估价：65.00元

中亚黄皮书
中亚国家发展报告(2013)
著(编)者：孙力　2013年6月出版　估价：79.00元

地方发展类

北部湾蓝皮书
泛北部湾合作发展报告(2013)
著(编)者：吕余生　2013年7月出版　估价：79.00元

北京蓝皮书
北京公共服务发展报告(2012~2013)
著(编)者：施昌奎　2013年3月出版　定价：65.00元

北京蓝皮书
北京经济发展报告(2012~2013)
著(编)者：孙天法　2013年4月出版　定价：65.00元

北京蓝皮书
北京社会发展报告(2012~2013)
著(编)者：戴建中　2013年8月出版　估价：59.00元

北京蓝皮书
北京文化发展报告(2012~2013)
著(编)者：李建盛　2013年5月出版　定价：69.00元

北京蓝皮书
中国社区发展报告(2013)
著(编)者：于燕燕　2013年6月出版　估价：59.00元

北京旅游绿皮书
北京旅游发展报告(2013)
著(编)者：鲁勇　2013年10月出版　估价：98.00元

北京律师蓝皮书
北京律师发展报告NO.3(2013)
著(编)者：王隽　周塞军　2013年9月出版　估价：70.00元

皮书系列 2013全品种 — 地方发展类

北京人才蓝皮书
北京人才发展报告(2012~2013)
著(编)者:张志伟　2013年5月出版　/　估价:69.00元

城乡一体化蓝皮书
中国城乡一体化发展报告·北京卷(2012~2013)
著(编)者:张宝秀　黄序　2012年7月出版　/　估价:59.00元

大湄公河次区域蓝皮书
大湄公河次区域合作发展报告(2012~2013)
著(编)者:刘稚　2013年4月出版　/　估价:69.00元

甘肃蓝皮书
甘肃经济发展分析与预测(2013)
著(编)者:朱智文　罗哲　2013年1月出版　/　定价:69.00元

甘肃蓝皮书
甘肃社会发展分析与预测(2013)
著(编)者:安文华　包晓霞　2013年1月出版　/　定价:69.00元

甘肃蓝皮书
甘肃舆情分析与预测(2013)
著(编)者:陈双梅　郝树声　2013年1月出版　/　定价:69.00元

甘肃蓝皮书
甘肃县域社会发展分析与预测(2013)
著(编)者:魏胜文　柳民　曲玮
2013年1月出版　/　定价:69.00元

甘肃蓝皮书
甘肃文化发展分析与预测(2013)
著(编)者:刘进军　周晓华　2013年1月出版　/　定价:69.00元

关中天水经济区蓝皮书
中国关中—天水经济区发展报告(2013)
著(编)者:李忠民　2013年11月出版　/　估价:59.00元

广东外经贸蓝皮书
广东对外经济贸易发展研究报告(2012~2013)
著(编)者:陈万灵　2013年4月出版　/　定价:79.00元

广西北部湾经济区蓝皮书
广西北部湾经济区开放开发报告(2013)
著(编)者:广西北部湾经济区规划建设管理委员会办公室　广西社会科学院　广西北部湾发展研究院
2013年7月出版　/　估价:69.00元

广州蓝皮书
2013年中国广州经济形势分析与预测
著(编)者:庾建设　郭志勇　沈奎
2013年6月出版　/　估价:69.00元

广州蓝皮书
2013年中国广州社会形势分析与预测
著(编)者:易佐永　杨秦　顾涧清
2013年7月出版　/　估价:69.00元

广州蓝皮书
广州城市国际化发展报告(2013)
著(编)者:朱名宏　2013年9月出版　/　估价:59.00元

广州蓝皮书
广州创新型城市发展报告(2013)
著(编)者:李江涛　2013年9月出版　/　估价:59.00元

广州蓝皮书
广州经济发展报告(2013)
著(编)者:李江涛　刘江华　2013年6月出版　/　定价:65.00元

广州蓝皮书
广州农村发展报告(2013)
著(编)者:李江涛　汤锦华　2013年9月出版　/　估价:59.00元

广州蓝皮书
广州汽车产业发展报告(2013)
著(编)者:李江涛　杨再高　2013年9月出版　/　估价:59.00元

广州蓝皮书
广州商贸业发展报告(2013)
著(编)者:陈家成　王旭东　荀振英
2013年9月出版　/　估价:69.00元

广州蓝皮书
广州文化创意产业发展报告(2013)
著(编)者:甘新　2013年9月出版　/　估价:59.00元

广州蓝皮书
中国广州城市建设发展报告(2013)
著(编)者:董皞　冼伟雄　李俊夫
2013年7月出版　/　估价:69.00元

广州蓝皮书
中国广州科技与信息化发展报告(2013)
著(编)者:庾建设　谢学宁　2013年8月出版　/　估价:59.00元

广州蓝皮书
中国广州文化创意产业发展报告(2013)
著(编)者:王晓玲　2013年8月出版　/　估价:59.00元

广州蓝皮书
中国广州文化发展报告(2013)
著(编)者:徐俊忠　汤应武　陆志强
2013年8月出版　/　估价:69.00元

贵州蓝皮书
贵州法治发展报告(2013)
著(编)者:吴大华　2013年4月出版　/　定价:69.00元

贵州蓝皮书
贵州社会发展报告(2013)
著(编)者:王兴骥　2013年3月出版　/　定价:69.00元

海峡经济区蓝皮书
海峡经济区发展报告(2013)
著(编)者:福建省政府发展研究中心
2013年10月出版　/　估价:78.00元

海峡西岸蓝皮书
海峡西岸经济区发展报告(2012)
著(编)者:福建省人民政府发展研究中心
2013年7月出版　/　估价:85.00元

皮书系列 2013全品种 — 地方发展类

杭州都市圈蓝皮书
杭州都市圈经济社会发展报告(2013)
著(编)者：辛 薇　2014年7月出版 / 估价:59.00元

河南经济蓝皮书
2013年河南经济形势分析与预测
著(编)者：刘永奇　2013年3月出版 / 定价:59.00元

河南蓝皮书
2013年河南社会形势分析与预测
著(编)者：刘道兴　牛苏林　2013年1月出版 / 定价:59.00元

河南蓝皮书
河南城市发展报告(2013)
著(编)者：谷建全　王建国　2013年1月出版 / 定价:59.00元

河南蓝皮书
河南工业发展报告(2013)
著(编)者：龚绍东　2013年1月出版 / 定价:59.00元

河南蓝皮书
河南经济发展报告(2013)
著(编)者：喻新安　2013年1月出版 / 定价:59.00元

河南蓝皮书
河南文化发展报告(2013)
著(编)者：卫绍生　2013年1月出版 / 定价:69.00元

黑龙江产业蓝皮书
黑龙江产业发展报告(2013)
著(编)者：于 渤　2013年9月出版 / 估价:69.00元

黑龙江蓝皮书
黑龙江经济发展报告(2013)
著(编)者：曲 伟　2013年1月出版 / 定价:59.00元

黑龙江蓝皮书
黑龙江社会发展报告(2013)
著(编)者：艾书琴　2013年1月出版 / 定价:69.00元

湖南城市蓝皮书
城市社会管理
著(编)者：童中贤　韩未名　2013年5月出版 / 估价:59.00元

湖南蓝皮书
2013年湖南产业发展报告
著(编)者：梁志峰　2013年5月出版 / 定价:79.00元

湖南蓝皮书
2013年湖南法治发展报告
著(编)者：梁志峰　2013年5月出版 / 定价:79.00元

湖南蓝皮书
2013年湖南经济展望
著(编)者：梁志峰　2013年5月出版 / 定价:79.00元

湖南蓝皮书
2013年湖南两型社会发展报告
著(编)者：梁志峰　2013年5月出版 / 定价:79.00元

湖南县域绿皮书
湖南县域发展报告No.2
著(编)者：朱有志　袁 准　周小毛　2013年7月出版 / 估价:69.00元

江苏法治蓝皮书
江苏法治发展报告No.2(2013)
著(编)者：李 力　龚廷泰　严海良　2013年7月出版 / 估价:88.00元

京津冀蓝皮书
京津冀发展报告(2013)
著(编)者：文 魁　祝尔娟　2013年3月出版 / 定价:79.00元

经济特区蓝皮书
中国经济特区发展报告(2012)
著(编)者：陶一桃　2013年4月出版 / 定价:89.00元

辽宁蓝皮书
2013年辽宁经济社会形势分析与预测
著(编)者：曹晓峰　张 晶　2012年12月出版 / 定价:79.00元

内蒙古蓝皮书
内蒙古经济发展蓝皮书(2012~2013)
著(编)者：黄育华　2013年7月出版 / 估价:69.00元

浦东新区蓝皮书
上海浦东经济发展报告(2013)
著(编)者：左学金　陆沪根　2013年1月出版 / 定价:59.00元

青海蓝皮书
2013年青海经济社会形势分析与预测
著(编)者：赵宗福　2013年2月出版 / 定价:69.00元

人口与健康蓝皮书
深圳人口与健康发展报告(2013)
著(编)者：陆杰华　江捍平　2013年10月出版 / 估价:98.00元

山西蓝皮书
山西资源型经济转型发展报告(2013)
著(编)者：李志强　2013年2月出版 / 定价:79.00元

陕西蓝皮书
陕西经济发展报告(2013)
著(编)者：任宗哲　石 英　裴成荣
2013年1月出版 / 定价:65.00元

陕西蓝皮书
陕西社会发展报告(2013)
著(编)者：任宗哲　石 英　江 波
2013年1月出版 / 定价:65.00元

陕西蓝皮书
陕西文化发展报告(2013)
著(编)者：任宗哲　石 英　王长寿
2013年1月出版 / 定价:69.00元

上海蓝皮书
上海传媒发展报告(2013)
著(编)者：强 荧　焦雨虹　2013年1月出版 / 定价:79.00元

地方发展类 — 皮书系列 2013全品种

上海蓝皮书
上海法治发展报告(2013)
著(编)者:叶青　2012年12月出版　/　定价:69.00元

上海蓝皮书
上海经济发展报告(2013)
著(编)者:沈开艳　2013年1月出版　/　定价:69.00元

上海蓝皮书
上海社会发展报告(2013)
著(编)者:卢汉龙　周海旺　2013年1月出版　/　定价:69.00元

上海蓝皮书
上海文化发展报告(2013)
著(编)者:蒯大申　2013年1月出版　/　定价:69.00元

上海蓝皮书
上海文学发展报告(2013)
著(编)者:陈圣来　2013年10月出版　/　估价:59.00元

上海蓝皮书
上海资源环境发展报告(2013)
著(编)者:周冯琦　汤庆和　王利民
2013年1月出版　/　定价:59.00元

上海社会保障绿皮书
上海社会保障改革与发展报告(2012~2013)
著(编)者:汪泓　2013年10月出版　/　估价:65.00元

深圳蓝皮书
深圳经济发展报告(2013)
著(编)者:张骁儒　2013年6月出版　/　定价:69.00元

深圳蓝皮书
深圳劳动关系发展报告(2013)
著(编)者:汤庭芬　2013年6月出版　/　定价:69.00元

深圳蓝皮书
深圳社会发展报告(2012~2013)
著(编)者:张骁儒　2013年6月出版　/　定价:69.00元

温州蓝皮书
2013年温州经济社会形势分析与预测
著(编)者:潘忠强　王春光　金浩
2013年4月出版　/　定价:69.00元

武汉城市圈蓝皮书
武汉城市圈经济社会发展报告(2012~2013)
著(编)者:肖安民　2013年9月出版　/　估价:59.00元

武汉蓝皮书
武汉经济社会发展报告(2013)
著(编)者:刘志辉　2013年10月出版　/　估价:59.00元

扬州蓝皮书
扬州经济社会发展报告(2012)
著(编)者:丁纯　2013年1月出版　/　定价:79.00元

长株潭城市群蓝皮书
长株潭城市群发展报告(2013)
著(编)者:张萍　2013年10月出版　/　估价:69.00元

浙江蓝皮书
浙江金融业发展报告(2013)
著(编)者:刘仁伍　2013年10月出版　/　估价:69.00元

浙江蓝皮书
浙江民营经济发展报告(2013)
著(编)者:刘仁伍　2013年10月出版　/　定价:59.00元

浙江蓝皮书
浙江区域金融中心发展报告(2013)
著(编)者:刘仁伍　2013年10月出版　/　定价:79.00元

浙江蓝皮书
浙江市场经济发展报告(2013)
著(编)者:刘仁伍　2013年10月出版　/　定价:79.00元

郑州蓝皮书
2013年郑州文化发展报告
著(编)者:王哲　2013年7月出版　/　估价:69.00元

中原蓝皮书
中原经济区发展报告(2013)
著(编)者:刘怀廉　2013年3月出版　/　估价:68.00元

西北蓝皮书
中国西北发展报告(2013)
著(编)者:范鹏　朱智文　马廷旭　2013年1月出版　/　定价:68.00元

连片特困区蓝皮书
中国连片特困区发展报告(2013)
著(编)者:游俊　冷志明　丁建军　2013年3月出版　/　定价:79.00元

吉林蓝皮书
2013年吉林经济社会形势分析与预测
著(编)者:马克　2013年1月出版　/　定价:69.00元

安徽蓝皮书
安徽社会发展报告（2013）
著(编)者:程桦　2013年4月出版　/　定价:79.00元

安徽蓝皮书
安徽社会建设分析报告（2012~2013）
著(编)者:黄家海　王开玉　蔡宪　2013年4月出版　/　定价:69.00元

社会科学文献出版社
SOCIAL SCIENCES ACADEMIC PRESS (CHINA)

社会科学文献出版社成立于1985年，是直属于中国社会科学院的人文社会科学专业学术出版机构。

成立以来，特别是1998年实施第二次创业以来，依托于中国社会科学院丰厚的学术出版和专家学者两大资源，坚持"创社科经典，出传世文献"的出版理念和"权威、前沿、原创"的产品定位，社科文献立足内涵式发展道路，从战略层面推动学术出版的五大能力建设，逐步走上了学术产品的系列化、规模化、数字化、国际化、市场化经营道路。

先后策划出版了著名的图书品牌和学术品牌"皮书"系列、"列国志"、"社科文献精品译库"、"中国史话"、"全球化译丛"、"气候变化与人类发展译丛"、"近世中国""博源文库"等一大批既有学术影响又有市场价值的系列图书。形成了较强的学术出版能力和资源整合能力，年发稿3.5亿字，年出版新书1200余种，承印发行中国社科院院属期刊近70种。

2012年，《社会科学文献出版社学术著作出版规范》修订完成。同年10月，社会科学文献出版社参加了由新闻出版总署召开加强学术著作出版规范座谈会，并代表50多家出版社发起实施学术著作出版规范的倡议。2013年，社会科学文献出版社参与新闻出版总署学术著作规范国家标准的起草工作。

依托于雄厚的出版资源整合能力，社会科学文献出版社长期以来一直致力于从内容资源和数字平台两个方面实现传统出版的再造，并先后推出了皮书数据库、列国志数据库、中国田野调查数据库等一系列数字产品。

在国内原创著作、国外名家经典著作大量出版，数字出版突飞猛进的同时，社会科学文献出版社在学术出版国际化方面也取得了不俗的成绩。先后与荷兰博睿等十余家国际出版机构合作面向海外推出了《经济蓝皮书》《社会蓝皮书》等十余种皮书的英文版、俄文版、日文版等。

此外，社会科学文献出版社积极与中央和地方各类媒体合作，联合大型书店、学术书店、机场书店、网络书店、图书馆，逐步构建起了强大的学术图书的内容传播力和社会影响力，学术图书的媒体曝光率居全国之首，图书馆藏率居于全国出版机构前七位。

作为已经开启第三次创业梦想的人文社会科学学术出版机构，社会科学文献出版社结合社会需求、自身的条件以及行业发展，提出了新的创业目标：精心打造人文社会科学成果推广平台，发展成为一家集图书、期刊、声像电子和数字出版物为一体，面向海内外高端读者和客户，具备独特竞争力的人文社会科学内容资源供应商和海内外知名的专业学术出版机构。

中国皮书网

发布皮书研创资讯，传播皮书精彩内容
引领皮书出版潮流，打造皮书服务平台

栏目设置：

- □ 资讯：皮书动态、皮书观点、皮书数据、皮书报道、皮书新书发布会、电子期刊
- □ 标准：皮书评价、皮书研究、皮书规范、皮书专家、编撰团队
- □ 服务：最新皮书、皮书书目、重点推荐、在线购书
- □ 链接：皮书数据库、皮书博客、皮书微博、出版社首页、在线书城
- □ 搜索：资讯、图书、研究动态
- □ 互动：皮书论坛

www.pishu.cn

中国皮书网依托皮书系列"权威、前沿、原创"的优质内容资源，通过文字、图片、音频、视频等多种元素，在皮书研创者、使用者之间搭建了一个成果展示、资源共享的互动平台。

自2005年12月正式上线以来，中国皮书网的IP访问量、PV浏览量与日俱增，受到海内外研究者、公务人员、商务人士以及专业读者的广泛关注。

2008年10月，中国皮书网获得"最具商业价值网站"称号。

2011年全国新闻出版网站年会上，中国皮书网被授予"2011最具商业价值网站"荣誉称号。

权威报告　热点资讯　海量资源

当代中国与世界发展的高端智库平台

皮书数据库 www.pishu.com.cn

皮书数据库是专业的人文社会科学综合学术资源总库,以大型连续性图书——皮书系列为基础,整合国内外相关资讯构建而成。包含七大子库,涵盖两百多个主题,囊括了近十几年间中国与世界经济社会发展报告,覆盖经济、社会、政治、文化、教育、国际问题等多个领域。

皮书数据库以篇章为基本单位,方便用户对皮书内容的阅读需求。用户可进行全文检索,也可对文献题目、内容提要、作者名称、作者单位、关键字等基本信息进行检索,还可对检索到的篇章再作二次筛选,进行在线阅读或下载阅读。智能多维度导航,可使用户根据自己熟知的分类标准进行分类导航筛选,使查找和检索更高效、便捷。

权威的研究报告,独特的调研数据,前沿的热点资讯,皮书数据库已发展成为国内最具影响力的关于中国与世界现实问题研究的成果库和资讯库。

皮书俱乐部会员服务指南

1. 谁能成为皮书俱乐部会员?

- 皮书作者自动成为皮书俱乐部会员;
- 购买皮书产品(纸质图书、电子书、皮书数据库充值卡)的个人用户。

2. 会员可享受的增值服务:

- 免费获赠该纸质图书的电子书;
- 免费获赠皮书数据库100元充值卡;
- 免费定期获赠皮书电子期刊;
- 优先参与各类皮书学术活动;
- 优先享受皮书产品的最新优惠。

阅 读 卡

3. 如何享受皮书俱乐部会员服务?

(1)如何免费获得整本电子书?

购买纸质图书后,将购书信息特别是书后附赠的卡号和密码通过邮件形式发送到pishu@188.com,我们将验证您的信息,通过验证并成功注册后即可获得该本皮书的电子书。

(2)如何获赠皮书数据库100元充值卡?

第1步:刮开附赠卡的密码涂层(左下)。

第2步:登录皮书数据库网站(www.pishu.com.cn),注册成为皮书数据库用户,注册时请提供您的真实信息,以便您获得皮书俱乐部会员服务;

第3步:注册成功后登录,点击进入"会员中心";

第4步:点击"在线充值",输入正确的卡号和密码即可使用。

皮书俱乐部会员可享受社会科学文献出版社其他相关免费增值服务
您有任何疑问,均可拨打服务电话:010-59367227　QQ:1924151860
欢迎登录社会科学文献出版社官网(www.ssap.com.cn)和中国皮书网(www.pishu.cn)了解更多信息

皮书大事记

☆ 2012年12月,《中国社会科学院皮书资助规定(试行)》由中国社会科学院科研局正式颁布实施。

☆ 2011年,部分重点皮书纳入院创新工程。

☆ 2011年8月,2011年皮书年会在安徽合肥举行,这是皮书年会首次由中国社会科学院主办。

☆ 2011年2月,"2011年全国皮书研讨会"在北京京西宾馆举行。王伟光院长(时任常务副院长)出席并讲话。本次会议标志着皮书及皮书研创出版从一个具体出版单位的出版产品和出版活动上升为由中国社会科学院牵头的国家哲学社会科学智库产品和创新活动。

☆ 2010年9月,"2010年中国经济社会形势报告会暨第十一次全国皮书工作研讨会"在福建福州举行,高全立副院长参加会议并做学术报告。

☆ 2010年9月,皮书学术委员会成立,由我院李扬副院长领衔,并由在各个学科领域有一定的学术影响力、了解皮书编创出版并持续关注皮书品牌的专家学者组成。皮书学术委员会的成立为进一步提高皮书这一品牌的学术质量、为学术界构建一个更大的学术出版与学术推广平台提供了专家支持。

☆ 2009年8月,"2009年中国经济社会形势分析与预测暨第十次皮书工作研讨会"在辽宁丹东举行。李扬副院长参加本次会议,本次会议颁发了首届优秀皮书奖,我院多部皮书获奖。

皮书数据库
www.pishu.com.cn

皮书数据库三期即将上线

- 皮书数据库（SSDB）是社会科学文献出版社整合现有皮书资源开发的在线数字产品，全面收录"皮书系列"的内容资源，并以此为基础整合大量相关资讯构建而成。

- 皮书数据库现有中国经济发展数据库、中国社会发展数据库、世界经济与国际政治数据库等子库，覆盖经济、社会、文化等多个行业、领域，现有报告30000多篇，总字数超过5亿字，并以每年4000多篇的速度不断更新累积。2009年7月，皮书数据库荣获"2008~2009年中国数字出版知名品牌"。

- 2011年3月，皮书数据库二期正式上线，开发了更加灵活便捷的检索系统，可以实现精确查找和模糊匹配，并与纸书发行基本同步，可为读者提供更加广泛的资讯服务。

更多信息请登录

中国皮书网
http://www.pishu.cn

皮书微博
http://weibo.com/pishu

皮书博客
http://blog.sina.com.cn/pishu

请到各地书店皮书专架/专柜购买，也可办理邮购

咨询/邮购电话：010-59367028　59367070　　　邮　箱：duzhe@ssap.com.cn
邮购地址：北京市西城区北三环中路甲29号院3号楼华龙大厦13层读者服务中心
邮　　编：100029
银行户名：社会科学文献出版社
开户银行：中国工商银行北京北太平庄支行
账　　号：0200010019200365434
网上书店：010-59367070　　qq：1265056568
网　　址：www.ssap.com.cn　　　www.pishu.com